心一堂術數古籍珍本叢刊

書名：現代簡易相法
系列：心一堂術數古籍珍本叢刊　相術類　第三輯　321
作者：韋千里
主編、責任編輯：陳劍聰
心一堂術數古籍珍本叢刊編校小組：陳劍聰　素聞　鄒偉才　虛白盧主　丁鑫華

出版：心一堂有限公司
通訊地址：香港九龍旺角彌敦道六一〇號荷李活商業中心十八樓〇五－〇六室
深港讀者服務中心・中國深圳市羅湖區立新路六號羅湖商業大廈負一層〇〇八室
電話號碼：(852)9027-7110
網址：publish.sunyata.cc
電郵：sunyatabook@gmail.com
網店：http://book.sunyata.cc
淘寶店地址：https://sunyata.taobao.com
微店地址：https://weidian.com/s/1212826297
臉書：https://www.facebook.com/sunyatabook
讀者論壇：http://bbs.sunyata.cc/

版次：二零二零年七月初版
平裝

定價：港幣　一百一十八元正
　　　新台幣　四百九十八元正

國際書號：ISBN 978-988-8583-26-3

香港發行：香港聯合書刊物流有限公司
地址：香港新界大埔汀麗路36號中華商務印刷大廈3樓
電話號碼：(852)2150-2100
傳真號碼：(852)2407-3062
電郵：info@suplogistics.com.hk

台灣發行：秀威資訊科技股份有限公司
地址：台灣台北市內湖區瑞光路七十六巷六十五號一樓
電話號碼：+886-2-2796-3638
傳真號碼：+886-2-2796-1377
網絡書店：www.bodbooks.com.tw
台灣秀威書店讀者服務中心：
地址：台灣台北市中山區松江路二〇九號一樓
電話號碼：+886-2-2518-0207
傳真號碼：+886-2-2518-0778
網絡書店：http://www.govbooks.com.tw

中國大陸發行　零售：深圳心一堂文化傳播有限公司
深圳地址：深圳市羅湖區立新路六號羅湖商業大廈負一層〇〇八室
電話號碼：(86)0755-82224934

心一堂微店二維碼

心一堂淘寶店二維碼

心一堂術數古籍 珍本 整理 叢刊 總序

術數定義

術數，大概可謂以「推算（推演）、預測人（個人、群體、國家等）、事、物、自然現象、時間、空間方位等規律及氣數，並或通過種種『方術』，從而達致趨吉避凶或某種特定目的」之知識體系和方法。

術數類別

我國術數的內容類別，歷代不盡相同，例如《漢書·藝文志》中載，漢代術數有六類：天文、曆譜、五行、蓍龜、雜占、形法。至清代《四庫全書》，術數類則有：數學、占候、相宅相墓、占卜、命書、相書、陰陽五行、雜技術等，其他如《後漢書·方術部》、《藝文類聚·方術部》、《太平御覽·方術部》等，對於術數的分類，皆有差異。古代多把天文、曆譜、及部分數學均歸入術數類，而民間流行亦視傳統醫學作為術數的一環；此外，有些術數與宗教中的方術亦往往難以分開。現代民間則常將各種術數歸納為五大類別：命、卜、相、醫、山，通稱「五術」。

本叢刊在《四庫全書》的分類基礎上，將術數分為九大類別：占筮、星命、相術、堪輿、選擇、三式、讖緯、理數（陰陽五行）、雜術（其他）。而未收天文、曆譜、算術、宗教方術、醫學。

術數思想與發展——從術到學，乃至合道

我國術數是由上古的占星、卜筮、形法等術發展下來的。其中卜筮之術，是歷經夏商周三代而通過「龜卜、蓍筮」得出卜（筮）辭的一種預測（吉凶成敗）術，之後歸納並結集成書，此即現傳之《易

經》。經過春秋戰國至秦漢之際，受到當時諸子百家的影響、儒家的推崇，遂有《易傳》等的出現，原本是卜筮術書的《易經》，被提升及解讀成有包涵「天地之道（理）」之學。因此，《易・繫辭傳》曰：「易與天地準，故能彌綸天地之道。」

漢代以後，易學中的陰陽學說，與五行、九宮、干支、氣運、災變、律曆、卦氣、讖緯、天人感應說等相結合，形成易學中象數系統。而其他原與《易經》本來沒有關係的術數，如占星、形法、選擇，亦漸漸以易理（象數學說）為依歸。《四庫全書・易類小序》云：「術數之興，多在秦漢以後。要其旨，不出乎陰陽五行，生尅制化。實皆《易》之支派，傳以雜說耳。」至此，術數可謂已由「術」發展成「學」。

及至宋代，術數理論與理學中的河圖洛書、太極圖、邵雍先天之學及皇極經世等學說給合，通過術數以演繹理學中「天地中有一太極，萬物中各有一太極」（《朱子語類》）的思想。術數理論不單已發展至十分成熟，而且也從其學理中衍生一些新的方法或理論，如《梅花易數》、《河洛理數》等。

在傳統上，術數功能往往不止於僅僅作為趨吉避凶的方術，及「能彌綸天地之道」的學問，亦有其「修心養性」的功能，「與道合一」（修道）的內涵。《素問・上古天真論》：「上古之人，其知道者，法於陰陽，和於術數。」數之意義，不單是外在的算數、歷數、氣數，而是與理學中同等的「道」、「理」—心性的功能，北宋理氣家邵雍對此多有發揮：「聖人之心，是亦數也」、「萬化萬事生乎心」、「心為太極」。《觀物外篇》：「先天之學，心法也。……蓋天地萬物之理，盡在其中矣，心一而不分，則能應萬物。」反過來說，宋代的術數理論，受到當時理學、佛道及宋易影響，認為心性本質上是等同天地之太極。天地萬物氣數規律，能通過內觀自心而有所感知，即是內心也已具備有術數的推演及預測、感知能力；相傳是邵雍所創之《梅花易數》，便是在這樣的背景下誕生。

《易・文言傳》已有「積善之家，必有餘慶；積不善之家，必有餘殃」之說，至漢代流行的災變說及讖緯說，我國數千年來都認為天災，異常天象（自然現象），皆與一國或一地的施政者失德有關；下至家族、個人之盛衰，也都與一族一人之德行修養有關。因此，我國術數中除了吉凶盛衰理數之外，人心的德行修養，也是趨吉避凶的一個關鍵因素。

術數與宗教、修道

在這種思想之下，我國術數不單只是附屬於巫術或宗教行為的方術，又往往是一種宗教的修煉手段--通過術數，以知陰陽，乃至合陰陽（道）。「其知道者，法於陰陽，和於術數。」例如，「奇門遁甲」術中，即分為「術奇門」與「法奇門」兩大類。「法奇門」中有大量道教中符籙、手印、存想、內煉的內容，是道教內丹外法的一種重要外法修煉體系。甚至在雷法一系的修煉上，亦大量應用了術數內容。此外，相術、堪輿術中也有修煉望氣（氣的形狀、顏色）的方法；堪輿家除了選擇陰陽宅之吉凶外，也有道教中選擇適合修道環境（法、財、侶、地中的地）的方法，以至通過堪輿術觀察天地山川陰陽之氣，亦成為領悟陰陽金丹大道的一途。

易學體系以外的術數與的少數民族的術數

我國術數中，也有不用或不全用易理作為其理論依據的，如揚雄的《太玄》、司馬光的《潛虛》。也有一些占卜法、雜術不屬於《易經》系統，不過對後世影響較少而已。

外來宗教及少數民族中也有不少雖受漢文化影響（如陰陽、五行、二十八宿等學說。）但仍自成系統的術數，如古代的西夏、突厥、吐魯番等占卜及星占術，藏族中有多種藏傳佛教占卜術、苯教占卜術、擇吉術、推命術、相術等；北方少數民族有薩滿教占卜術；不少少數民族如水族、白族、布朗族、佤族、彝族、苗族等，皆有占雞（卦）草卜、雞蛋卜等術，納西族的占星術、占卜術，彝族畢摩的推命術、占卜術……等等，都是屬於《易經》體系以外的術數。相對上，外國傳入的術數以及其理論，對我國術數影響更大。

曆法、推步術與外來術數的影響

我國的術數與曆法的關係非常緊密。早期的術數中，很多是利用星宿或星宿組合的位置（如某星在某州或某宮某度）付予某種吉凶意義，并據之以推演，例如歲星（木星）、月將（某月太陽所躔之宮次）等。不過，由於不同的古代曆法推步的誤差及歲差的問題，若干年後，其術數所用之星辰的位置，已與真實星辰的位置不一樣了；此如歲星（木星），早期的曆法及術數以十二年為一周期（以應地支），與木星真實周期十一點八六年，每幾十年便錯一宮。後來術家又設一「太歲」的假想星體來解決，是歲星運行的相反，週期亦剛好是十二年。而術數中的神煞，很多即是根據太歲的位置而定。又如六壬術中的「月將」，原是立春節氣後太陽躔娵訾之次而稱作「登明亥將」，至宋代，因歲差的關係，要到雨水節氣後太陽才躔娵訾之次，當時沈括提出了修正，但明清時六壬術中「月將」仍然沿用宋代沈括修正的起法沒有再修正。

由於以真實星象周期的推步術是非常繁複，而且古代星象推步術本身亦有不少誤差，大多數術數除依曆書保留了太陽（節氣）、太陰（月相）的簡單宮次計算外，漸漸形成根據干支、日月等的各自起例，以起出其他具有不同含義的眾多假想星象及神煞系統。唐宋以後，我國絕大部分術數都主要沿用這一系統，也出現了不少完全脫離真實星象的術數，如《子平術》、《紫微斗數》、《鐵版神數》等。後來就連一些利用真實星辰位置的術數，如《七政四餘術》及選擇法中的《天星選擇》，也已與假想星象及神煞混合而使用了。

隨着古代外國曆（推步）、術數的傳入，如唐代傳入的印度曆法及術數，元代傳入的回回曆等，其中我國占星術便吸收了印度占星術中羅睺星、計都星等而形成四餘星，又通過阿拉伯占星術而吸收了其中來自希臘、巴比倫占星術的黃道十二宮、四大（四元素）學說（地、水、火、風），並與我國傳統的二十八宿、五行說、神煞系統並存而形成《七政四餘術》。此外，一些術數中的北斗星名，不用我國傳統的星名：天樞、天璇、天璣、天權、玉衡、開陽、搖光，而是使用來自印度梵文所譯的：貪狼、巨門、祿存、文曲，廉貞、武曲、破軍等，此明顯是受到唐代從印度傳入的曆法及占星術所影響。如星命術中的《紫微斗數》及堪輿術中的《撼龍經》等文獻中，其星皆用印度譯名。及至清初《時憲曆》，置閏之法則改用西法「定氣」。清代以後的術數，又作過不少的調整。

此外，我國相術中的面相術、手相術，唐宋之際受印度相術影響頗大，至民國初年，又通過翻譯歐西、日本的相術書籍而大量吸收歐西相術的內容，形成了現代我國坊間流行的新式相術。

陰陽學——術數在古代、官方管理及外國的影響

術數在古代社會中一直扮演着一個非常重要的角色，影響層面不單只是某一階層、某一職業、某一年齡的人，而是上自帝王，下至普通百姓，從出生到死亡，不論是生活上的小事如洗髮、出行等，大事如建房、入伙、出兵等，從個人、家族以至國家，從天文、氣象、地理到人事、軍事，從民俗、學術到宗教，都離不開術數的應用。我國最晚在唐代開始，已把以上術數之學，稱作陰陽（學），行術數者稱陰陽人。（敦煌文書、斯四三二七唐《師師漫語話》：「以下說陰陽人謾語話」，此說法後來傳入日本，今日本人稱行術數者為「陰陽師」）。一直到了清末，欽天監中負責陰陽術數的官員中，以及民間術數之士，仍名陰陽生。

古代政府的中欽天監（司天監），除了負責天文、曆法、輿地之外，亦精通其他如星占、選擇、堪輿等術數，除在皇室人員及朝庭中應用外，也定期頒行日書、修定術數，使民間對於天文、日曆用事吉凶及使用其他術數時，有所依從。

我國古代政府對官方及民間陰陽學及陰陽官員，從其內容、人員的選拔、培訓、認證、考核、律法監管等，都有制度。至明清兩代，其制度更為完善、嚴格。

宋代官學之中，課程中已有陰陽學及其考試的內容。（宋徽宗崇寧三年〔一一零四年〕崇寧算學令：「諸學生習……並曆算、三式、天文書。」「諸試……三式即射覆及預占三日陰陽風雨。天文即預

定一月或一季分野災祥，並以依經備草合問為通。」

金代司天臺，從民間「草澤人」（即民間習術數人士）考試選拔：「其試之制，以《宣明曆》試推步，及《婚書》、《地理新書》試合婚、安葬，並《易》筮法，六壬課、三命、五星之術。」（《金史》卷五十一・志第三十二・選舉一）

元代為進一步加強官方陰陽學對民間的影響、管理、控制及培育，除沿襲宋代、金代在司天監掌管陰陽學及中央的官學陰陽學課程之外，更在地方上增設陰陽學課程（《元史・選舉志一》：「世祖至元二十八年夏六月始置諸路陰陽學。」）地方上也設陰陽學教授員，培育及管轄地方陰陽人。（《元史・選舉志一》：「（元仁宗）延祐初，令陰陽人依儒醫例，於路、府、州設教授員，凡陰陽人皆管轄之，而上屬於太史焉。」）自此，民間的陰陽術士（陰陽人），被納入官方的管轄之下。

至明清兩代，陰陽學制度更為完善。中央欽天監掌管陰陽學，明代地方縣設陰陽學正術，各州設陰陽學典術，各縣設陰陽學訓術。陰陽人從地方陰陽學肄業或被選拔出來後，再送到欽天監考試。（《大明會典》卷二二三：「凡天下府州縣舉到陰陽人堪任正術等官者，俱從吏部送（欽天監），考中，送回選用；不中者發回原籍為民，原保官吏治罪。」）清代大致沿用明制，凡陰陽術數之流，悉歸中央欽天監及地方陰陽官員管理、培訓、認證。至今尚有「紹興府陰陽印」、「東光縣陰陽學記」等明代銅印，及某某縣某某之清代陰陽執照等傳世。

清代欽天監漏刻科對官員要求甚為嚴格。《大清會典》「國子監」規定：「凡算學之教，設肄業生。滿洲十有二人，蒙古、漢軍各六人，於各旗官學內考取。漢十有二人，於舉人、貢監生童內考取。附學生二十四人，由欽天監選送。教以天文演算法諸書，五年學業有成，舉人引見以欽天監博士用，貢監生童以天文生補用。」學生在官學肄業、貢監生肄業或考得舉人後，經過了五年對天文、算法、陰陽學的學習，其中精通陰陽術數者，會送往漏刻科。而在欽天監供職的官員，《大清會典則例》「欽天監」規定：「本監官生三年考核一次，術業精通者，保題升用。不及者，停其升轉，再加學習。如能黽勉供職，即予開復。仍不及者，降職一等，再令學習三年，能習熟者，准予開復，仍不能者，黜退。」除定期考核以定其升用降職外，《大清律例》中對陰陽術士不準確的推斷（妄言禍福）是要治罪的。《大清律例・一七八・術七・妄言禍福》：「凡陰陽術士，不許於大小文武官員之家妄言禍福，違者杖一百。其依經推算星命卜課，不在禁限。」大小文武官員延請的陰陽術士，自然是以欽天監漏刻科官員或地方陰陽官員為主。

官方陰陽學制度也影響鄰國如朝鮮、日本、越南等地，一直到了民國時期，鄰國仍然沿用着我國的多種術數。而我國的漢族術數，在古代甚至影響遍及西夏、突厥、吐蕃、阿拉伯、印度、東南亞諸國。

術數研究

術數在我國古代社會雖然影響深遠，「是傳統中國理念中的一門科學，從傳統的陰陽、五行、九宮、八卦、河圖、洛書等觀念作大自然的研究。……傳統中國的天文學、數學、煉丹術等，要到上世紀中葉始受世界學者肯定。可是，術數還未受到應得的注意。術數在傳統中國科技史、思想史，文化史、社會史，甚至軍事史都有一定的影響。……更進一步了解術數，我們將更能了解中國歷史的全貌。」（何丙郁《術數、天文與醫學中國科技史的新視野》，香港城市大學中國文化中心。）

可是術數至今一直不受正統學界所重視，加上術家藏秘自珍，又揚言天機不可洩漏，「（術數）乃吾國科學與哲學融貫而成一種學說，數千年來傳衍嬗變，或隱或現，全賴一二有心人為之繼續維繫，賴以不絕，其中確有學術上研究之價值，非徒癡人說夢，荒誕不經之謂也。其所以至今不能在科學中成立一種地位者，實有數因。蓋古代士大夫階級目醫卜星相為九流之學，多恥道之；而發明諸大師又故為惝恍迷離之辭，以待後人探索；間有一二賢者有所發明，亦秘莫如深，既恐洩天地之秘，復恐譏為旁門左道，始終不肯公開研究，成立一有系統說明之書籍，貽之後世。故居今日而欲研究此種學術，實一極困難之事。」（民國徐樂吾《子平真詮評註》，方重審序）

現存的術數古籍，除極少數是唐、宋、元的版本外，絕大多數是明、清兩代的版本。其內容也主要是明、清兩代流行的術數，唐宋或以前的術數及其書籍，大部分均已失傳，只能從史料記載、出土文獻、敦煌遺書中稍窺一鱗半爪。

術數版本

坊間術數古籍版本，大多是晚清書坊之翻刻本及民國書賈之重排本，其中豕亥魚魯，或任意增刪，往往文意全非，以至不能卒讀。現今不論是術數愛好者，還是民俗、史學、社會、文化、版本等學術研究者，要想得一常見術數書籍的善本、原版，已經非常困難，更遑論如稿本、鈔本、孤本等珍稀版本。在文獻不足及缺乏善本的情況下，要想對術數的源流、理法、及其影響，作全面深入的研究，幾不可能。

有見及此，本叢刊編校小組經多年努力及多方協助，在海內外搜羅了二十世紀六十年代以前漢文為主的術數類善本、珍本、鈔本、孤本、稿本、批校本等數百種，精選出其中最佳版本，分別輯入兩個系列：

一、心一堂術數古籍珍本叢刊

二、心一堂術數古籍整理叢刊

前者以最新數碼（數位）技術清理、修復珍本原本的版面，更正明顯的錯訛，部分善本更以原色彩色精印，務求更勝原本。并以每百多種珍本、一百二十冊為一輯，分輯出版，以饗讀者。後者延請、稿約有關專家、學者，以善本、珍本等作底本，參以其他版本，古籍進行審定、校勘、注釋，務求打造一最善版本，方便現代人閱讀、理解、研究等之用。

限於編校小組的水平，版本選擇及考證、文字修正、提要內容等方面，恐有疏漏及舛誤之處，懇請方家不吝指正。

心一堂術數古籍 珍本 整理 叢刊編校小組

二零零九年七月序

二零一四年九月第三次修訂

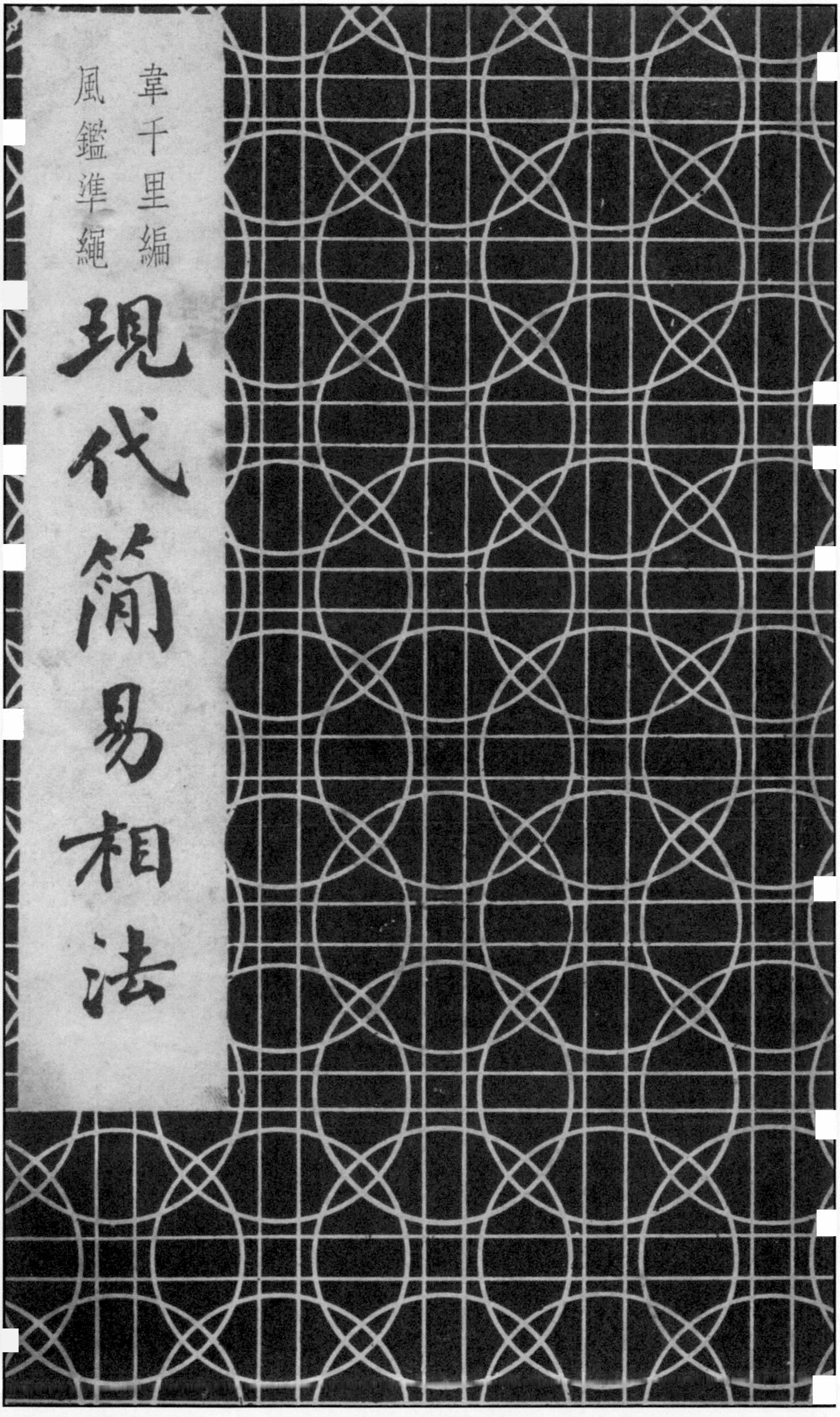
韋千里編
風鑑準繩
現代簡易相法

凡例

(一)本書編法。以人身由髮至足。逐部纂述。故較有系統。且力避相法上各種專門名辭。如口則曰口。不曰「水星」。間有一二不能避免者。則隨附解釋。俾趨通俗。而使讀者易於翻閱記憶。故名現代相法。

(二)本書所載。皆有根據。非出諸杜撰。惟古今中外相書浩如烟海。豈能囊括無遺。不過擇其精警而實驗者錄之。故又名簡易相法。

(三)相紋相骨。爲相法中重要據點。担僅賴文字記述。極難闡其微妙。本書對於紋骨之闕如。卽以寫不勝寫故也。他日擬刊一「相理圖解」。乃以人體各部。攝成照相版。再加註釋。庶能澈透。亦可補本書之不逮也。

(四)流年行運之部位名稱。乃一定而不移。各相書皆有載及。千篇一律。故本書不多贅矣。

(五)本書編印宗旨．無非希望世人認識相理．而聊作讀者學相之階梯．至於神而明之．存乎其人．更非博覽羣書．不爲功也．

(六)本書出版匆促．亥豕魯魚．錯訛在所不免．當於再版時校正．如蒙讀者指謬．尤爲感盼．

序言

余既輯「命學講義」「命理約言」「千里命稿」暨「六壬祕笈」諸書。於星命占卜之學。略有闡述。問世以還。謬承讀者之贊許。惟五行生尅之理。陰陽消長之機。本乎術數。動靜變化。其幾也微。吝悔吉凶。其指也博。雖徵諸人事。應驗如響。然非好學深思之士。莫能究極其玄奧。初學者尤有毫釐千里。無所適從之憾。夫人海茫茫。品類萬異。秉賦不齊。有智愚賢不肖之別。遭遇不一。有窮通貴賤耆壽夭短之殊。吾人欲知人論世。乘時立業。必先『以人爲鑑』。『以人爲鑑』則論相之學尙矣。孔子曰「視其所以。觀其所由。察其所安。人焉廋哉。人焉廋哉」蓋吾人之聲音笑貌。舉止動作。蓄之於中者。必形之於外。察言觀色。情僞無所遁形。揆理度宜。成敗可以先覩。執此以相人。顧亦何往而不得哉。爰不揣譾陋。繼命課諸書殺青之後。續成是輯。參古今各家相籍之所載。旁及西歐東瀛有關論相之書。本乎自然。徵乎人事。擷英去粕。條舉而比列之。命其名曰「現代簡易相法」。學者誠能揣摩而簡練之。儻亦可免皮相之譏。而爲識人酬世之一助乎。是爲序。

民國庚辰仲冬。浙江嘉興韋千里謹識於春申寓次。

頁次

韋千里

著書

學命捷徑 **命學講義** 實售八角

評命妙諦 **命理約言** 實售四角

批命主範 **千里命稿** 實售三角

占課必讀 **六壬祕笈** 實售一元

風鑑準繩 **現代相法** 實售六角

賣卜

談命叁圓合參伍圓

談相叁圓

批命拾圓

占課壹圓

選吉捌圓

時間 下午三時至八時

館址 上海南京路大慶里卅四號

電話 館內九三八二一 住宅三九三五八

七天覆件寄費另加

外埠 空函不答

現代簡易相法

嘉興韋千里編

耳

耳要輪廓完成。

左耳缺先損父右耳缺先損母。

耳低於眉破祖兄弟稀少。

兩耳低小夭。

耳貼肉紅潤平生財祿綿綿百謀百成千求千遂。

耳大貼肉富。

耳貼肉富而少貴。

對面不見耳長命富貴。

耳反者孤。
兩耳反掀。主刑尅。
女人耳反。主刑夫。
耳高過眉。聰明俊貴。永不貧困。
耳小而高者。聰明而不富貴。
耳色鮮者貴而安穩。
耳皮粗。色青黑而乾。一生奔馳南北。散走他鄉。
耳門如墨。二十夭壽之客。
耳光明潤澤。聲名遠播。
耳之輪廓如桃紅。性最玲瓏。
耳紅潤主官。白主名望。明潤主名遠。黑主貧賤。
老來耳白。主子貴。

耳白過面。名滿天下。
耳要敦厚。
女人左耳厚。先生男。右耳厚。先生女。
耳厚大垂肩。極貴壽長。
耳尖小者。孤貧。
耳小。壽命促。
耳薄向前。賣盡田園。
耳薄如紙。夫死無疑。
兩耳如紙。貧窮無依。
耳如紙薄。休望榮華。
耳孔窄小。難入小指尖。愚頑短壽。
耳門闊大。聰明財足。

耳竅闊而深．則聰明而家業不破．
耳穴深且圓．心靈而識玄．
耳孔內生毫．壽長．
耳內毫長壽而少樂．
黑子生耳輪上者．主聰明．
耳內有大痣者．壽長．
耳有黑子．生貴子．
耳根雙黑子．定去他鄉死．
耳形直豎如箭羽．貧賤．
耳後有骨豐起者．壽．
耳左右大小．迍否妨害．
兩耳大小不一．主外家養大．

壽在耳。

髮

髮際低者性愚而夭。
孩童髮際低壓定是孤刑之子。
髮侵眉亂額多見災厄。
髮生到耳須餓死。
髮際高者性和而壽。
髮欲疎而黑短而潤。
髮細潤澤宜求官職。
髮黑細如絲。榮貴女子髮細光潤。秉性溫良。
髮短如拳。立性剛强。

髮長散走他鄉。
頭小髮長蹤跡散。
髮長頭窄命難長。
髮黃而焦不貧則夭。
髮黃多妨尅。
髮赤或白貧窮之相。
髮赤多災害。
髮早白者凶白而再黑者吉。
少年白髮多妨尅。
少生白髮尅雙親。
未及四十而髮白者命短。
髮如蓬拳者性狡而貧苦。

髮捲如螺。必有傷。
髮粗硬。性剛而孤獨。
髮硬磔如蝟毛者。爲子爲臣。必不忠孝。
鬢髮乾燥。憂愁至老。
髮鬢亂生。狡詐人憎。
髮鬢濁亂如織毯，其人性懶。縱財富而後必貧。
額髮亂垂。妨毋之客。
髮亂之人。仁義多疎。
髮繁多。迍滯而貧賤。
自古無濃髮宰相。
女子髮鬢粗濃。勞苦貧賤。
女子髮濃鬢重。兼斜視。必多淫。

耳邊無鬚。心懷毒刃。

項後髮高。其性僻毒。

額

額闊而長。主富壽。

額闊頤尖。迍否還從晚景。

額窄頦圓。苦在初年。

額窄頭側。多是庶出。

額小。父母少恩恤。

額右偏母妨。左偏父喪。

女人額削。主孤。

兩角入項。父母雙榮。

額上骨磊塊如峯。或如雞子圓突。高則主孤。低則主夭。

眉

眉。要寬廣清長。
眉宜清長過目。有如雁行。
眉長於目。兄弟五六。
眉長過目。妻美貌。
左眉須要長。長者食天倉。
右眉須要齊。齊者有妻兒。
眉長秀。則兄弟和睦。
眉若短不及目者。難爲兄弟。
眉不及目。兄弟不足。縱有一兩。非是同腹。

眉與目同等兄弟一兩。
眉短不覆眼者乏財。
眉短於目心性孤獨。
眉不蓋眼孤貧。
眉短疎散目且長早年財帛有虛張。
眉小眼大多貧。
眉缺無信。
眉疎薄如無而中晚年或有數根長者福壽子孫。
眉毛疎淡清閑。
眉毛疎秀聰明。
眉毛纖細重重技藝。
眉中有缺者多奸詐。

眉薄如無者多狡詐。
眉疎散平生財帛多興廢。
眉頭疎眉尾散財旺而妻子艱。
眉毛中斷兄弟分散。
二眉散亂聚散不常。
眉疎而散暫富終貧。
眉毛婆娑兒少女多。
眉要雙分入鬢。
雙眉入鬢胸襟懷冠世之才。
眉黑稠濃密主淹留蹇滯。
眉濃者孤。
眉重壓眼尅妻。

眉粗而濃。或逆而亂。短而蹙者。性必兇頑。

眉粗壓眼。心不善。

眉粗眼小。福薄。

眉濃髮厚。心賊損壽。

眉粗硬濃重。俱長過眼寸餘者。獨主壽。

無識無能。雙眉不秀。

眉清秀彎如月樣。爲人聰明智慧。文學博雅。高明富貴之相。

眉如新月樣。名譽四方揚。

眉如月弓。衣食不窮。

眉曲者。多學又聰明。

眉彎彎如蛾。好色。

眉要如懸犀新月之樣。

眉毛直立而生、曰豎毛、多主殺性、無思維、倒生眉、多是非、

眉毛直豎、左妨子、右妨妻、

眉卓而豎者、性豪、

眉生逆毛、惡死、

眉逆生者、貧薄、妨兄弟、

眉毛逆生、仇兄賊弟、互相妬害、

眉生逆毛、小幼孤、女人如此、必妨夫、

眉直者、刑妻、又尅兒、

眉高則名高、

眉高眼深、狠、

眉要高過額中、

眉昂者。氣剛。

眉中黑子。必有技倆。

眉中有痣。妨妻。

痣在眉毛。遭火厄。

女人眉間生黑子。賤相。

眉骨高起。主人麤鹵知進而不知退。知成而不知敗。

眉骨稜起者。兇惡多滯。

眉頭交斜。兄弟各家。

眉頭交者。貧薄妨兄弟。

眉交不分。早歲歸墳。

眉交額削者。主父母早拋。

眉毛盤旋似螺螄尾尖。爲人剛健勇猛。

眉俱旋毛．兄弟同胞．

眉中忽然生毛．謂之壽毫．然不宜早生．二十生毛三十死．四十生毛命壽長．

眉中生白毫者．多壽．

眉要首尾豐盈．

眉如掃帚．兄弟八九．

眉上氣色忽然白者．主哭泣．忌紅色．主三日七日口舌官訟．

眉頭常蹙．早見刑傷．

眉低壓眼者．窮逼．

眉尾垂眼者．性懦．

何知生女不生兒．但看眉間兩頭垂．

眉毛潤澤．求官易得．

眉毛白者．主超羣．

兩樣眉毛．定須異母．
左眉高．右眉低．父在母先亡．
眉橫一字．足義愛人．
眉淸而平．生性無偏無黨．
眉如畫者．一生得陰人財．
名在眉．

眼

眼要含藏不露．
眼大而圓．神光露．主凶暴．多招禍患．
眼含神不露．灼然有光者．富貴．
眼浮而露睛者．夭死．

眼露而性毒。

眼大露睛凶夭。

眼露光。口闊大貪淫求食之女。

眼露睛凸。性剛氣暴。

獐目凸睛。兄弟少。

眼要黑白分明。

瞳子瑩潔。黑白分明。光射四遠。長而入鬢。大富大貴。

眼要黑睛多。白睛少。而有光彩。

眼黑少白多。兼黃赤色。損父母。害妻子。破田宅。多災短命

眼白多。主性癖。

婦人眼黑白分明者。貌重。

烏睛少而白睛多。不爲囚繫主奔波。

眼內多白女殺夫。男兒似此亦多愚。

眼如點漆。富貴聰明。

兩目不分明。不過三十八。

右目須要黑。黑者有官職。

眼要瞳子端定。

眼睛大而端定。不浮不露。黑白分明者。主可學藝業。異於衆人。

睛分明而轉。處心知變知機。

睛屢轉者多奸計。

眼要細長極寸。

眼長有學。

目小長。則貴。

眼要長細。雙分入鬢。

面短眼長貴。
眼秀而長主貴人相敬。
目長一寸。必佐明王。
眼要長而淸。主官職之位。
婦人惟眼長爲貴。圓小高凸。主輕賤。
眼要光彩射人。
兩目無神夭。
目烈有威。萬人皈依。
左眼須要光。光者福祿强。
眼上視者多狠。
眼看物觀人。昂面睛向上視者。自强自是。不容物。多疑。
眼視上顧下多詐。

眼上視。高貴。

眼高視激。

眼斜觀者。爲人稟性剛强。鄙吝。口腹不能相應。

談話之間。低目沉吟。常常用眼偷觀人者。心性不定。多疑智淺。

偷視不正。多詐。

婦人眼斜視者。暗下情重。

對人頻頻偷視。莫與交遊。

斜視。盜。

斜視而懷妬忌。

坐而斜視。所思不正。

目圓多夭。

眼大凸圓而怒者。促壽。

眼蓋圓者。言行深奥。

目深者壽。

眼深無肉。奸詐。父母不得力。兄弟分離。財壽不足。

眼細而深者長壽。兼性隱僻。

眼中如火。主剛强。

眼紅者。貪食。

眼中如血者。暴亡。

赤脈貫睛。鼻露梁。惡死。

目赤痕侵。官事重重。

目赤睛黃。必主夭亡。

紅眼金睛。不認六親。

婦人眼睛黃赤。尅子刑夫。還防產厄。

眼如赤鯉。有徒刑之危。
目不大不小。則貴。
左目小損妻。
婦人眼大不爲良。
左眼小。怕妻。
眼大小不同。弟兄異父母。
目小。平生少知識。
兩目雌雄。富而多詐。
眼生三角。凶狠之人。損物害人。女子妨夫。
婦人眼三角者。性狠而多怒。
魚尾枯陷。尅頭妻。眼角之紋曰魚尾。
眼尾有紋。尅妻。

痣在魚尾。主水厄。

奸門（眼梢之部位。為奸門。）光潤無紋。必保妻全四德。

奸門豐隆平滿。娶妻財帛盈箱。

奸門深陷。常作新郎。

魚尾紋多。妻防惡死。

奸門黑痣斜紋。外情好而心多淫慾。

婦女魚尾奸門明潤。得貴人為夫。

魚尾多紋。到老不能安逸。

淚堂（眼下眶凹處。為淚堂。）深陷。主刑尅。

眼下淚痣。主刑尅。

眼下如荔枝色。主刑尅。

眼下無肉。主刑尅。

婦人眼下肉常枯。不殺三夫定二夫。

眼下無肉。妨害兒女。

眼下淚痕。尅兒女。

左眼下有臥蠶紋。子息清貴。

淚堂深陷。兒女無緣。

淚堂黑子斜紋。到老兒孫有尅。

眼下鯽魚。（紋形如鯽魚。）必定家肥。

眼下多亂紋。主假子義女。

女子眼下皺紋。六親若冰炭。

男子眼下黑見。有子先歸。

眼忽然生黑氣。深者二五日。淺者二七日。家宅不寧。陰人是非。紅者火災。眼下鋪青者。連累口舌。赤者官災。黑者破耗。黃明者最吉。

女人目下青者喪夫。赤者產厄。眼尾瑩白光潤者。夫位增遷財祿之喜。
眼下黑色者憂產厄。
婦女眼下氣青。夫必死。
目昏濁多滯。
眼有些小病。心有些小毒。眼有十分病。心有十分毒。眼善心亦善。眼惡心亦惡。
目淺則短命。
目尾相垂。夫妻分離。
眼不哭而淚汪汪。早無刑尅。則老見孤單。
女人眼光如醉。桑中之約無窮。
睛青口闊。文章高人。
瞳子黃闊。可至於黃髮之壽。
俊在目。

眼下視。陰毒。
眼細視。詐。
眼遠視。賢。
眼近視。愚。
眼平視。德。
平視直視。性必仁。
亂視。淫。
猛視。暴。

顴

顴高侵天。享盛名。或因妻得祿。
女子顴露聲雄。縱七夫之不了。

有權有柄。兩臉有顴。
顴骨尖高者。不自由。

鼻

鼻要梁柱端直。
梁柱不正。中年遭厄。
鼻梁隆起。壽。
鼻露梁者。主耗散。
鼻梁橫起。朋友難交。心性難犯。
鼻梁不斜曲。而常常榮潤者。晚年有祿。男得賢妻。女得賢夫。
鼻隆高有梁者。主壽。
孩童鼻梁低塌。常生啾唧之災。

鼻梁小。無膽志。

山根鼻梁之部位爲山根。缺陷。自身傷害。

山根塌而橫紋斷流。破祖離巢田園不守。妻子先亡。

山根須要直。直者得衣食。

山根宜高不宜低。光彩似琉璃。爲官必忠。且有好妻。

山根狹又尖。家財早破。

山根無肉。勞動。

山根斷折。主刑尅。

山根有横紋。尅三妻。

山根陷。尅妻。

山根折斷。尅兒女。

山根陷。六親無力。骨肉無情。

山根枯暗。鼻梁無肉。與人多不足。

山根不陷。主壽。

山根斜曲。官災。

孩子山根青色。頻見災厄。

女子山根不斷。必得賢夫。

何知小兒常被驚。山根年壽色常青。

山根斷而幼遭疾苦。

山根青。三日內逢貴人。

山根紫。七七日得財。

山根黃。七日內遠書喜至。

山根白。多疾厄。

山根黃白。病。

鼻要準頭（鼻之下部為準頭。）庫起。形如懸膽。齊如截筒。

準頭黑。蘭臺黯。（鼻準左旁為蘭臺。）旬日必身亡。

鼻須要準頭豐厚。而孔不露。年上壽上（山根以下準頭以上之部位。為年上壽上。）平滿。主有福祿壽。

鼻不正而準頭尖露。其人貧賤少家業。心性不直。

鼻準豐大。心善愛道。為事進退。

準頭圓。鼻孔不昂不露。富貴之人。

準頭豐大。與人無害。

準頭尖細。好為奸詐。

準頭豐起。富貴無比。

準頭帶紅。必走西東。

準頭垂肉。貪淫不足。

準頭圓肥。足食豐衣。

準頭尖薄。孤貧削弱。
鼻準尖斜。心事勾加。
準頭豐大。心無毒。
鼻頭尖薄。奸詐孤貧。
準頭圓似截筒。官高位顯。
準頭赤色重重。奔波詭計。
準小鼻狹。最慳最吝。
鼻孔小者慳貪。
鼻孔仰露一世貧。
鼻孔仰露。夭折寒索。
鼻孔仰者。無隔宿之糧。
鼻竅仰露。中年破散。

鼻孔露天貪色無厭。
男女鼻上多黑子。再嫁重婚苦奔波。
鼻多黑子。迍蹇。
女子山根黑子。若無宿疾。必刑夫。
鼻有黑子。子不得力。
鼻小。偏促貧賤。
鼻小。工作無休息。
鼻大。家安。
鼻以高隆而貴。
鼻要豐隆光圓。
鼻瘦面肥。半世錢財耗散。
鼻須厚。厚者得長壽。

面小鼻大。主守空房。爲事顚悔。財祿俱滯。

鼻廣面長。技倆非常。

鼻小而狹者。作僮僕。

鼻廣而長。技藝非常。

鼻頭短小。意智淺少。

面大鼻小。平生多蹇。

鼻小面大。一生常歷艱辛。

面小鼻大。中晚一年一破。

年壽上縱橫亂紋交雜者。破祖離家。馳驟奔波。女子尤忌。

鼻有橫紋。主車馬傷。

鼻有縱理紋者。養他人子。

鼻上多亂紋者。必詭。

鼻曲。人情薄。

鼻偏左。先損父。鼻偏右。先損母。

鼻有三曲。孤獨破產。

鼻獨高而四岳低者。（額。顴。鼻。兩顴。爲五岳。今言四岳者。卽額顴及兩顴也。）六親不和。

職高則鼻高。

鼻毛出而誹謗滋蔓。

鼻尖毫出詐。

鼻要色鮮黃明。

年壽明潤康泰。昏暗疾病。

壽上發青。病魔纏身。

鼻如懸膽。富貴。

鼻如截筒。富。

鼻如截筒衣食豐隆。
鼻如鷹嘴者貪食。
鼻如鷹嘴取人心髓。
鼻勾者貪食。
鼻有三凹骨肉相拋。
職在鼻。

人中

人中紋理主刑尅。
人中有豎理者主養他人子。
人中有縱理者主兒有宿疾。
人中有橫理者至老無兒。

人中橫紋。若朋非朋。
人中黑子。主刑尅。
人中上有黑子者。多子。
人中下有黑子者。多女。
人中中有黑子者。婚妻易而養子難。
人中有兩黑子者。主雙生。
人中雙黑子。婦人必雙生。
人中有黑子。其母難產而生。
人中有痣。娶妻容易。
人中著齒者。壽。
人中深而長者。長壽。
人中深長。宜子又延年。

人中上下直而深者。子息滿堂。
人中深長者。有誠信。
人中滿而平者。迍邅尖滯。
人中上下平而淺者。子息不生。
人中平長。至老吉昌。
人中廣平。養子不成。
人中淺而短者。夭亡。
人中淺。多破財。
人中平長。有壽無子。
人中平滿。難得兒孫送老。
人中淺短。絕嗣而夭命。
人中漫漫。平而無者。至老絕嗣。窮苦之相也。

現代簡易相法

人中細而狹者衣食逼迫。
人中微窄如線死塡溝壑。
人中細如懸針者絕子貧寒。
人中上狹下廣者多子孫。
人中上廣下狹者少兒息。
人中上下俱狹而中心闊者子息疾苦而難成。
人中上狹下闊多巧計。
人中上窄下寬者晚年發祿子孫成羣。
人中下狹上闊鰥寡。
人中端直者忠義之士。
人中屈曲者無信之人。
人中曲。愛淫慾。

人中斜側尅兒。

人中正而垂者富壽。

人中短促子孫不足。

人中赤多讒鬭。

人中有髭一生勞祿。

人中寬闊著早立功名。

口

口要方大。

口中容拳貴。

口如四字貴。

口方闊有稜者主壽貴。

口橫闊而厚者。福富。
口能容拳者。出入將相。
口寬舌薄。心好歌樂。
口如四字。有呼聚喝散之權。
口橫闊不收。大言無信。
婦人口闊。先食田莊而後貧。
口方如四字。肥馬輕裘。
口方有辨。
舌大口小。貧薄折夭。
口如縮囊。饑死無糧。縱然有子。必主別房。
口如一撮者。貧薄。
口小脣薄。多是多非。

口尖脣薄．好說是非．

男子口小．貧薄夭亡．

女子口小．聰慧智良．

口不正而偏斜．或露齒．主孤貧．

口雖闊而不正．虛詐．

口偏薄．好說是非謗訕．

覆載（上脣爲覆．下脣爲載．）多紋理．掩人過惡．得賢子孫．

口不覆不載．（下脣過上脣而口不吻合爲不覆．上脣過下脣而口不吻合爲不載．）則無壽．無晚福．

口不覆．則家必覆．

口之兩角下垂．最招人嫌．

口角下垂．愛便宜．

口角兩垂向下．奸詐便宜．

現代簡易相法

口有黑痣者。主酒食。
口中黑子。食噉皆美。
婦人口角痣生。親夫早喪。
口須要紅。紅者作三公。
口如含丹。不受飢寒。
口如潑砂。食祿榮華。
口如含丹。多藝。
口角要開大合小。
口台。勢欲小。開勢欲寬。
縱理入口。飢死不久。
口左右紋粗。凶惡之輩。
脣高嘴趫。主性剛。

不言口動。飢寒。
口紫黑者。多滯。
口角如弓。位至三公。
口如吹火。飢寒獨坐。
計在口。
口開齒露。無基失所。
疾言而口常撮聚。必破產飄蓬。
口如鳥喙者。高人終難共處。
口形如角弓者。主官祿。
嘴尖者。貪食。

唇

脣欲厚而不欲薄。

脣厚少語。

脣薄多訟。

上脣薄者言語狡詐。

下脣薄者貧賤蹇滯。

上下俱薄者妄語。

脣上下俱厚者忠信之人。

上脣厚命難久。

下脣薄主貪食。

上脣長者先妨父下脣長者先妨母。

下脣過上脣妨夫。

上脣過下脣虛僞。

脣上下不相覆。常懷盜竊。終身不富。
女人下脣過上。必妨夫。
上脣掩過下脣。尅妻無疑。
下脣過上。貧苦。
上脣蓋下。伶仃。
兩脣上下相稱者。言語正直。
脣不掩齒。性不和。
脣不蓋齒。無事招嫌。
脣不蓋齒。好說是非。
脣色青如藍靛者。災而夭。
脣色紫而有光者。快樂衣食。
脣色白而豔者。招貴妾。

脣如雞肝。至老貧寒。
脣色黃而紅者。招貴子。
脣若青黑。餓死塗陌。
脣色光紅。不求自豐。
脣紫色足衣食。
脣常赤。爲貴客。
女子脣若紅蓮。衣食豐足。
女脣紫。夫早死。又妨長子。
脣無紋理。性孤獨。
脣有紋理。多子孫。
脣多紋理。兒多無比。
脣上紋多。紅似花。一生富貴足榮華。

脣有黑子。妨害長子。
脣生不正言詞難定。
脣缺而陷。主下賤。
長脣短齒長命不死。
脣尖撮者。貧死。
脣墜下者。孤寒。

齒

齒白而大。貴。
齒以大而密。長而直。多而白。爲佳。
齒白而齊。主聰敏。
齒瑩白者。百謀百稱。

齒如白玉者高貴。

齒如爛銀者清職。

齒白而密者仕宦無殃。

齒齊如編貝廊廟之賢。

齒參差不齊心行詐欺。

齒牙不齊退步。

齒亂牙疎骨肉不和陰人不和。

齒繚亂疊生者狡横。

齒堅牢密固者長壽。

齒疎漏者貧薄。

齒黑而疎縫一生災重。

齒齦皴出每事漏失。

齒縫疎稀。財食無餘

齒疎脣薄。多是多非。

三十六牙。貴。

三十六牙。卿相。

三十八齒者。王侯。

三十四齒者。巨福。

三十二齒者。中人福祿。

三十齒者。平常之人。

二十八齒者。下貧之輩。

齒露出者。暴亡。

風門牙露。衰困中年。

語不見齒者。富貴。

露齒結喉。男子骨肉分離。婦人妨夫絕子。
齒上闊下尖。如列鋸者。性粗。
齒上尖下闊。如排角者。性鄙。
齒短缺者。愚下。
齒焦枯者。橫夭。
壯而齒落者。壽促。
齒黃色者。千求阻滯。
齒如劍鋒。貴壽。
齒直長一寸。極貴。
當門兩齒。要周正而密。主忠信孝敬。疎缺而小。主多狂妄。
齒尖如錐。必缺衣食。
何知有文章。牙細口脣方。

舌

舌欲長而大。

舌方長者有才德。

舌狹而長者詐。

舌引至鼻者位至侯王。

舌大而尖者多妄謬。

舌大而薄凡事虛耗。

舌大而短愚鹵懈怠。

舌尖而小者貪。

舌小而長仕宦吉昌。

舌小口大言語捷快。

現代簡易相法

舌小而短。主貧賤。

舌短小者。下賤之輩。

舌色紅如硃者。貴。

舌色黑如翳者。賤。

舌色赤如血者。祿。

舌色白如灰者。貧。

舌上色若黯紫。貧賤。

舌上有直理者。官至卿監。

舌無紋理。尋常之流。

舌上長理。三公可擬。

舌上有紋如川字者。必享萬戶之食。

舌上有兩條紅路。食祿天倉。

舌上有黑子者．言語虛僞．
舌艷而吐滿口者．至富．
舌出如蛇者．毒害．
未語而舌先出者．好妄談．
言而舌舐脣者．多淫逸．
舌形欲方．舌勢欲深．

鬚

鬚拳鬢捲．兇暴狠毒．
鬚拳髮捲．貧窮之漢．
鬚不過脣．朋友無情．財帛破耗．子孫不得力．
寧可有髭而無鬚．

莫教有髯而無髭。
有髭無髯。主富有福有壽。
有髯無髭。貧賤財散人離。
髯髭俱全五福齊。
髭鬚黑而清秀者貴而富。
鬚赤者。孤尅。
捲髮赤鬚。貧困。
髭髯要黑又要稀。依稀見肉始爲奇。
髭髯最嫌焦黃色。父在東頭子在西。
鬚黃睛赤。終主橫死。
髭髯滋潤者。發福。
髭鬚乾燥者。蹇滯。

鬚如鐵線貴

鬚勁直者性剛不聚財

鬚柔者性柔

有髮無鬍不可與之同侶

頸

頸項豐圓堅實者大富

圓粗如虎頸者善而福薄

圓長如鶴頸者清貧

圓肥如燕頸者高貴

項側而小細而弱者非棟樑之材也

側如馬頸者妨害

項有結喉者。貧滯多災。
項瘦有結喉者。迍邅尚可。
肥人項有結喉者。多招橫禍。
頸立端直者。性正而福薄。
曲如蛇頸者。毒而貧。
頸勢偃後者。性弱而凶。
頸勢前臨者。性和而吉。
頸梟而斜曲者。性弱貧苦。
肥人項欲短。瘦人項欲長。反此者。不貧則夭。
瘦人項短。致災殃。
肥人項長。必夭橫。
項或太長如鵝。或短如豕。或大如櫻木。或小如酒瓶者。皆非貴相。

項後豐起者主富厚.
項後有皮如條者主上壽.
項短而方者福祿.
項細而長者貧賤.
項斑而不潔者性鄙多滯.
項若不勝頭者貧下短命.
何知人家喪頭夫左頸肥大右頸枯.

手 男左女右

手纖長者性慈好施.
手垂過膝蓋世英賢.
手狹長福祿强.

手欲軟而長。
手短厚者。性鄙好取。
手不過腰者。一生貧賤。
身長手短。不過五十。少有稱意。老不成立。
左手短者主無文。右手短者主無武。
指節細潤如春筍。俊秀閑雅。
指纖長者。聰敏。
指如春筍者。清貴。
指節欲細。
十指上如旋螺者。榮貴。
指尖長。則文學貴顯。
掌長指短。暗惹人嫌。少年難養。

二指長者平生近貴．
四指長者小人不足．性不耐煩．
指尖細能樂器．或妙藝．
指柔密者蓄積．
指短突者愚賤．
指硬疎者破敗．
指如鼓槌者愚頑．
指粗如竹節者貧賤．
手大指小．浮蕩難聚資財．
大指傷．破祖．
二指傷．尅父．
三指傷．尅母．

四指傷。妨妻。
五指傷。刑子。
大指駢母。主疾苦。
左手指屈者。不安。右手指屈者。橫發財。而亦橫失財。
左手多指而舉者。初貧後富。右手多指而舉者。貧賤。
左手指併連者。孤貧。右手指併連者。孤賤夭折。
左手四指齊平者。主文貴。右手四指齊平者。主武貴。
亂理散出指縫者。諸事破散。
紋漏出指節者。破散。
甲尖者。小智。
甲厚者。壽算延長。
甲破者。壽算難長。

甲破者。無成。
甲薄者。命年短促。
甲堅而大者。志高而膽大。
甲堅者。心高多貧。
甲硬者。性剛。
甲明潤。則財穀豐盈。
甲短而軟者。志弱膽小。
指甲皮乾肉枯。命孤而夭。
甲軟者。臨事懶惰。多學少成。
手掌長厚者。貴。
手掌軟而方者。福。
手掌潤澤者。富貴。

手掌短薄者賤。
手掌硬而圓者愚。
手掌四畔豐起而中平者貧。
手掌乾枯者貧窮。
手掌紅如噀血者貴。
手掌黃如拂土者賤。
手掌青色者貧苦。
手掌白色者寒賤。
掌中四畔生橫理者愚而貧。
掌四方厚中央薄財食安樂。
掌細面寬榮辱艱辛不免。
手掌之肉色春潤夏溫秋清冬燥爲宜。

手掌手背一般色。斯爲上相。

掌面白而掌背黑者富。

掌面黑而掌背白者貧。

掌中紋縷密者。財祿聚。紋疎者不聚。

掌中如赤血噴火。衣祿無窮。

掌中生黃。家有死亡。

掌中生青。是非憂驚。

掌中生青黑。必有刑尅。

掌白如面者。主起家成立。

掌軟如綿者。主高年富足。

掌中有痣指上有挫者。主少年駁雜。晚年成立。

掌心生黑子者。智而富。

女人有六甲。掌中青紅生男。黑白生女。明艷易產。枯槁難生。

掌若血紅。富而多祿。

掌中有橫紋而短者。下愚。

掌中多縱紋者聰明智慧。

手掌熱如火。軟如綿。福人也。

人瘦掌漏。貴相。

人肥掌厚。貴相。

人大掌大。貴相。

人小掌小。貴相。

人清掌淸。貴相。

人粗掌粗。貴相。

面大掌大。貴相。

掌平手薄賤。
掌大指短無事得謗。
人小掌大。只好使錢。
手掌無紋。作事遭論。
身小手大者。福祿。
身大手小者淸貧。
手薄削者。貧。
手粗硬者。下賤。
手薄硬如雞足者。無智而貧。
女子手如乾薑。必善持家。
手若皮堅硬肉乾澀者。窮乏。
手端厚者。富。

現代簡易相法

肉厚一寸。家積千金。
手軟細者。清貴。
手軟滑如綿囊者。至富。
手軟如綿。閑且有錢。
男手如綿囊。祿位似公王。
骨露而粗。筋浮而散。紋緊如縷。肉枯而削。非美相也。
浮筋露骨。身樂心憂。
手若露骨。六親無力。
骨深筋浮。少樂多憂。
手背骨高。到老勤勞。
手背筋露。肉堅。爲人辛勤。
手若露骨浮筋。貧賤。

手中黑子．主家富．
黑痣掌中．財食無窮．
黑子手裏．多婦少兒．
手有橫理紋．殺害不須論．
手有縱橫紋．爵位至三公．
紋細而深者．吉．
紋粗而淺者．賤．
縱理多者．性亂而災．
橫理多者．性愚而賤．
豎理直貫上指者．百謀皆遂．
紋細如亂絲者．聰明美貌．
紋粗如櫟木者．愚頑貧苦．

手中如有橫紋通直者。主財豐。
膊欲平而厚。
腕節欲小。
手白如玉貴。
手直如筍福壽。
手滑如苔福壽。
節如雞卵。一生多得橫財。
手背筋藏肉積。真實多財。
女子竹竿槍。福祿至無疆。
女人手冷如冰鐵。衣食隨歇滅。

胸

胸突而短狹而薄者。乃貧薄之人。
胸突然而起者。愚下。
男子胸昂則愚。
女子胸昂則淫。
胸獨高起。貧賤不已。
女人胸高。必困窮。
貧寒婦女。無非胸凸臀高。
胸露臀高。家業散而壽元少。
胸凸者。躁而多勞。
胸部骨起如柴者。貧苦。
胸欲平而長闊而厚。乃爲智高福祿之人。
胸闊而長者。財易積。

胸狹而長者謀難成。

胸平正而廣闊者富貴。

胸廣而長主得公王。

胸寬平博厚賢明而早廁縉紳。

胸平闊如砥者英豪。

胸短於面者貧賤。

胸中毫毛播名四方。

胸生毛者剛而好嗔。

胸上生毛性非寬大。

胸窪然而傾者貧窮。

胸凹落如槽者窮毒。

胸中黑子者爲兵萬里。

胸部骨肉平勻者。仁智。
胸部骨肉高低者。愚狠。
胸凹凸而狹薄者。貧賤。
胸坑陷淺窄。愚暗下賤。

背

女人衣糧難度日。背脊成坑。
背窪深如溝渠者。至貧。
脊薄窪下者。貧寒孤獨。
背偏狹而陷者。一世多厄而貧。
脊平闊而豐者。一身少災而福。
脊圓厚如團扇者。至貴。

背平闊豐厚。則安於一身矣。

背厚腰圓。九州威鎮。

美人背圓。必嫁秀士而得貴。

背豐厚突起者。福多子孫。

背有骨隆然而起。二千石祿。

背方而長者。有智而福。

背偃而短者。無識而賤。

背削肩寒者。貧財莫守。

背欲長。不欲短。欲厚。不欲薄。福在背。

乳

乳欲闊而黑垂而墜。

乳闊一尺二寸者至貴。闊一尺者。次貴。

乳不可狹而白。

乳頭白而黃者賤而乏嗣。

乳頭白而向上。子息難爲。

乳頭紫而下垂。子息易得。

乳圓紫而垂下者。富貴而多子。

乳白小而斜狹者。窮困而蹇滯。

乳頭大者。志氣而多兒。

乳頭小者。懦弱而絕嗣。

乳頭狹者。貧賤。

乳頭曲者。難養兒。

乳頭仰者。子如玉。
乳頭低者。兒如泥。
乳頭壯而方大者。壽而福。
乳頭細如懸針者。財無十分。
乳頭生毛者。多藏見解。
乳頭黑子者。必生貴子。
乳實而有肉者。財帛豐隆。
乳小不黑。孤貧。

腹

腹欲圓而長。厚而堅。
腹皮欲厚而清。

腹寬厚者能容物.
腹皮欲厚而細.
腹皮厚者少病而貴.
腹圓而下富貴壽長.
腹勢欲垂而下.
腹墜而垂智合天機.
腹大垂下名遍天下.
腹垂若囊聲名冠世.
腹勢向上者賤而愚.
腹向上而短飯不滿碗.
腹皮薄者多病而賤.
腹薄小者乏食.

腹如抱兒．四方聞名．
腹臍突出．壽命早卒．
富在腹．
女人腹大頭小．一生不過多食．
腹淺窄者．孤寒褊急．
腹圓大而厚．主家富安閑．

臍

臍向上者．福智．
臍向下者．貧愚．
臍低者．思慮遠．
臍高者．無識量．

臍深闊者．智而有福．
臍深能容李．千里聞名．
臍淺窄者．愚薄．
臍凸而出．淺而小．非善相也．

腰

腰狹而薄者．卑賤之徒．
腰短薄者．多成多敗．
腰細而薄者．貧賤．
腰欲端而直．闊而厚．乃福祿之人也．
腰欲端闊．臀欲平圓．
腰直而厚者．富貴．

臀高而腰陷者。主賤。
腰高而臀陷者。主貧。
腰下無臀。到老無成。
腰凹而陷者。窮下。
腰梟而曲者。淫劣。
女人腰折步行橫。終朝受苦辛。
女人腰肥面圓類男形。主富。
男兒腰細難主福利。

陰

陰生黑子者。貴。
陰頭有痣。人多貴。

小便如撒珠者貴。

小便散如雨者。貴。

水道寬而圓者。賤。

小便直下如箭攢者。賤。

女人陰戶無毛。賤相。

陰上無毛。淫賤。

穀道無毛。一世貧。

穀道毛多。亦非貴相。

陰毛逆生者。夫妻不和。

陰頭縮者。貴。

穀道急而方者。貴。

大便細而方者。貴。

大便遲緩者。富貴。
大便速者。賤。

足

足欲方而廣。正而長。膩而軟。
足不可側而薄。橫而短。粗而硬。
脚雖大而薄者。下賤。
賤人之足。薄而大。
足橫窄小薄。辛苦。
兩足薄。在路多。
足薄窄枯澀。辛苦終身。
脚下平如板者。貧愚。

腳下成跟者。福及子孫。
無腳跟。夭壽人。
腳跟不着地。賣盡田園而走他鄉。
足厚四方者。巨萬之富。
貴人之足。小而厚。
足厚而正。閒樂。
足豐厚方正者。平生閒樂。
足下無紋理者。下賤。
足下旋紋理。令譽千載。
足下紋有如人形者。貴壓千官。
足下有紋。大旺子孫。
足下龜紋。一世清名。

現代簡易相法

足下無紋愚賤。
脚下龜理紋二千石祿。
脚下無紋寒貧。
足下軟細而多紋貴相。
足下粗硬而無紋貧賤。
足下有紋如錦繡者食祿萬鍾。
足下有紋如花樹者積財無數。
足下有紋如剪刀者藏鏹巨萬。
足底無紋者賤。
足底有如弓如刀之紋理家積巨金。
足底有如魚如鳥之紋理貴極人臣。
足面有毛者家必殷實。

脚上多毛。柔細者貴。粗大者賤。
足指纖長者。忠良之貴。
足指端齊者。豪邁之賢。
十足指皆無紋者。多破散。
左足指勾屈者。下賤。右足指勾屈者。刑尅。
左足指多而舉者。孤寒。
右足指多而舉者。流離貧賤。
左足多指齊集者。清貴。
右足多指齊集者。傍貴。
左足五指平齊者。宰執。
右足五指平齊者。名揚。
足生黑子。英雄獨壓萬人。

足生黑子。富貴賢士。
脚下有黑子者。食祿。
婦人懷胎。左脚先舉爲男。右脚先舉爲女。
脚下可容龜者。富貴。
脚心黑紫。祿至二千石。
左足短者主孤貧。右足短者。幼賤長貧。
足長手短。主貧賤。
足短手長。主富貴。
脚背無肉。必主孤貧。
脚瘦腿長。奔走不停。

聲

何知兩度嫁。女作丈夫聲。

何知命不長。聲音女人樣。

聲欲響闊而長。

女人聲出雄壯。刑夫。

聲乏韻而貧夭。

聲韻似破鑼。終身孤獨。

聲若破鑼。多刑害而心不睦。

聲清琅然若擊磬。得享厚祿。

聲音乾潤不齊。或大小相續。或先急而後緩。或先緩而後速。皆粗俗卑下。

聲乾無韻。何得榮華。

聲粗骨粗爲孀婦。

孩童聲大有神。易養。

聲自丹田下出。有福而享遐齡。
聲如哭音。主孤單。

色

春月面見青色。主有喜慶事。
夏月面見青色。迍滯重重。
秋月面見青色。亨泰。
冬月面見青色。是非破財。
春月面見紫色。重重喜事。
夏月面見紫色。大不祥。
秋月面見紫色。主進財。
冬月面見紫色。主煩憂。

春月面見黃色。旺資財。
夏月面見黃色。運謀皆遂。
秋月面見黃色進財進產又添丁。
冬月面見黃色。驚憂禍患。
春月面見白色官非憂疑。
夏月面見白色。中吉。
秋月面見白色是非破財。
冬月面見白色。美滿進步。
春月面見黑色。主榮權喜事。
夏月面見黑色主憂驚。
秋月面見黑色。平善。
冬月面見黑色。官災疾厄。

形

金形人。端方。

眉目清秀。耳正。面方。手端小而方。腰圓。腹正。色白氣清者。爲正金形。

金形人。帶土形。最貴。

金形人。準頭。三陽。三陽即左眼部位。不宜帶赤。

金形人。帶木形。初主蹇滯。末主超羣。

金形人。要帶黃。忌紅。

金形人。義。

木形人。瘦長。

目秀。鬢清。脣紅。腰瘦。頭面骨瘦。鼻直。目長。肩背挺直。色帶青者。爲正木形。

木形人。忌浮肉。浮筋。露骨。露頂。

木形人。帶水形。富而且貴
木形人。略帶火形。亦妙。
木形人。帶金形。一身剝削。刑尅。
木形人。略帶金形。是求名之客。
木形人。要青色。喜帶黑。忌白。
木形人。仁。
水形人。圓肥。
肉重。骨輕。腹。臀。手。面。耳。目。口。鼻。皆圓肥。色黑而潤。爲正水形。
水形人。切忌氣粗。色暗。肉露。肉浮。皮白如粉。
水形人。若色紅。無髮。皮骨肉冷。皆主無子。
水形人。帶土形。迍邅。終身。
水形人。要黑色。白色。忌黃。

水形人。智圓行方。
火形人。面上尖下闊。
行動躁急。面紅。鬚少。鼻。目。口。齒。皆露。耳高。聲焦。爲正火形。
火形人。氣色光彩紅潤。煥發武職尤貴。
火形人。少子孤貧。
火形人。帶水形。孤貧。
火形人。忌口大。
火形人。要紅色。喜帶青。忌黑。
火形人。聰明。
土形人。厚重。
骨重。肉實。頭面厚大。鼻隆。口闊。頤豐。腰背如龜。手足。脣。皆厚。頭圓。項短。色黃而
明。爲正土形。

土形人。若肉薄骨露。神昏色滯。不貧則賤。
土形人帶火形。大佳。
土形人帶木形。夭折伶仃。作事無成。
土形人。要黃色喜帶紅。忌靑。
土形人。慈厚。

毛

額上生毛。幼必損母。又主愚而尅妻。女則尅夫
面上無毛。貧窮走他鄉。
耳內毫毛。定是長生之客。
胸上生毛。性躁。
胸上毫毛。必能成家。若粗而多。反主性暴。

胸上生毛。性非寬大。
乳上生毛三根。主吉生子貴。
背上生毛。主勞苦。
手指生毛者好。
股肱無毛。主破祖貧窮。
腿上無毛。子孫不肖。
腿上生毛。一生不犯官刑。如軟而長者有福。硬而粗者。亦主官刑。
足面有毛。家必殷實。
脚上多毛者好。柔細者貴而祿。粗大者賤而貧。
足生軟毛。安樂。
腹大無毫。空名虛利。
臍下穀道俱有毛。一生不招陰病。不畏鬼神。

穀道無毛。一生貧窮。
陰毛耍廿一歲之內生。宜黃宜軟。主貴。
陰毛如亂草。主賤。亦主淫。硬亦主賤。
陰毛生太早。則夭生太遲。則淫。
陰毛若長若黑。乃刑殺之婦。雖貴不久。
陰上無毛。亦主淫賤。
陰毛逆生者。主夫婦不相和睦。

行

貴人之行。如水之流下。而體不搖。
小人之行。如火之炎上。身輕脚重。
行太急則暴。太緩則遲。

行能周旋不失其節。進退各中其度者。至貴之相也。

行而脚跟不至地者。貧而夭。

行而發足如奔。散走他鄉。

行則脚不欲折。頭不欲低。

行發足欲急。進身欲直。起步欲闊。

相行須行十步。卽喚囘頭。看其左轉則貴。右轉則衣食欠周。

相行須令立定。卽喚之舉足。若先舉左足者貴。先舉右足者賤。

行步自言自語者。賤。

行步緩重。當爲仁德。

貴人身重脚輕。

小人身輕脚重。

步促。主孤窮。

行步而身不動。積財有壽。
行而頭低及反顧。曰狼行。凶狠而心機難明。
行若頭低向前過步者。其人必初年有餘末年不足。

食

含物不欲語。
嚼物不欲怒。
食急者易肥。
食遲者易瘦。
食少而肥者。性寬。
食急性暴
食緩性和。

仰首含物者。寒賤。
食而啄者。貧窮。
歛口食者。純和。
食而齒出者。辛苦短命。
食欲快而不欲留。
食欲詳而不欲暴。
啜不欲聲。
吞不欲鳴。
女人飲食淋漓。難貴。
食而細疾。其貌如懼者。曰鼠飡。食而不嚼。其貌如不足者。曰猴食。皆鄙吝奸狡之人也。
食淋漓而言露齒。兩角垂而流涎。皆貧賤之相也。

坐

坐而凝然不動者。爲貴。
坐而搖膝動者。財散。
反身轉首入坐如狗。不端不正。貧薄之相。
坐欲如山。
坐如山據者。貴。
坐如釘石者。富。

臥

睡如狗之蟠者。上相。
睡如龍之曲者。貴人。

睡而開口者．短命．
夢中咬牙者．兵死．
睡中開眼者．惡死．
睡中亂語者．賤．
睡仰形如屍者．貧苦短命．
臥中氣吼者．愚而易死．
合面覆臥者．餓死．
就牀便困者．頑賤．
愛側臥者．吉壽．
睡多展轉者．性亂．
少睡者．神清而貴．
多睡者．神濁而賤．

臥易覺者聰明。
臥難醒者愚頑。
臥喘息調匀者命長。
臥出氣多而入氣少者短命。
臥而氣出嘘嘘之聲者卽死。

補遺

眉起骨。主多刑子息。
眼大露光。主犯刑死。
鼻起節。主破家死在外鄉。
肥人面赤。主性惡。
瘦人髮黃。主多貪奸殺之徒。

有頭無項三十歲前死。
項圓頭小頭偏頭側。一生不成事。如項再不圓。主少年死。
男女睛黃多躁急再露者。犯刑名。
眼大常招陰人口舌。
男人細眉主得陰人財帛。
女人髮深多好色。男人亦同。
男女有結喉者。招惡夢。
眉輕口闊常招水驚。
耳間生黑子。常招水驚。
眉生黑子。招陰人口舌。
男女卷髮。犯刑好色。
髮黃者。下流之倫。

項背上生肉如堆。項後髮脚處生高肉如堆。眼深髮黃。二者俱主犯人命。

眉梢開花。運不通。

鬚尾開花多蹇滯。

眉生毛。耳大小。若犯此二件。俱主外家養大。

眉垂。耳低。多是偏生庶出。

女耳無稜。額削骨粗。二者多主爲妾。

婦女仰面。多有奸淫。

男人垂頭。一心貪酷。

身大手小。一生不聚財。身小手大。一生下愚

面大婦人多不孝。

睛圓女子必妨夫。

面大鼻小之僕。忠直興家旺主。

現代簡易相法

口闊唇紅。多貪飲食。
肚小背陷。一生無祿。
腰偏臍深。多有邪淫。
目紅語結。好色無窮。
眼大小。鬚偏左。俱主懼內。
左肩高。主白手大富。右肩高。主大貧大苦。
唇薄動者。多奸。不聚財。不信行。
唇青主老來飢餓。
女人汗多。主一生勞苦。
小兒嚙齒。主妨父母。開口睡。難養。
自言自語。主招鬼迷。亦壽夭。
女顴骨高於眼角上者。主打夫。

女顴高大手骨粗．能作生涯．

男眼中有痣．聰敏．女眼中有痣．淫亂．

耳薄．梁低．嘴蹻．胸凸．犯此四件．主爲人奴．四件全者．一生爲奴．不得人意．

少年神散．卽死．老者頭項皮乾．卽死．女人脣白．得病．脣青．卽死．小兒眼黑．十無九夭．男子頭偏．主無一成．婦人脣白．十無一子．

老來耳白．主子貴．老落鬚．主尅子．老不落髮．主勞碌．女不落髮．主大壽．

龜頭黑色．子早．白色．子遲．準頭偏．主賢子．脚根削小．主後代不如．

鬚生項下．多得外家財產．

項下起骨節．多主外家破耗．

痣上有毫．定是家傑．乳邊生毛．子必淸高．二三方好．多皆爲草．

女人下脣包上．一生口舌．到老．上脣包下．主無子．而又不賢．

女人開聲無韻．主賤．男人開聲無韻．主貧．

足指短。足心陷。足多骨。三者犯一。必主貧賤。

足生肉。足生軟毛。俱主一生安樂。足紅潤。主多貴。

男子髮粗。多犯刑名。女人髮粗。刑夫尅子。

六指者。多妨父。一生不得顯榮。

身白面黃。不久守困。身黃面白。不久身榮。

女人掌上有紋深。方言有子。男人陰囊上無紋。必主絕嗣。

女人手起節骨。一生辛勤。主多賤。

女人頭圓。主生好子。男子額削。一生不得顯達。

女無指甲。一生下愚。臍下生毛。淫賤。

腹腰起一筋橫。主貴。直主貧。青爲次。赤爲貴。男女俱宜橫。忌直。

人長手短。一生不成器。

女人齒朝外。主刑傷。朝內。主孤孀。

女人面黑身白賤。面斑身青賤。
女相瘦人脣紅。生子成羣。瘦人脣白。壽元短促。
黃面婦人多好色。脣青脣白決無兒。
面上無寒毛。貧窮逃外鄉。
少年皮生黑斑。主死。
小兒腰闊。必有壽。
老人生斑爲壽斑。高黑方好。平黃主貧。
凡人生肉。先從腰上起。方爲有用。胸上面上生。非好也。
老來多睡。主死。
少年多睡。主愚。
忽然聲燥。主重疾。乾韻。主死。
縱然氣色好。脣白亦不好。

男女中年頂髮落．老來最苦．

顴上有紋．主大破耗．

少年髮白．主傷父母．大不利．

魚尾有梅花紋．主因妻破家．有直紋．大困窮．

準頭南方不忌偏．惟忌曲．書云．南方無正土．北方人忌偏．偏左外家破．偏右老來窮．

井竈（鼻孔之部位曰井竈）．薄而能動．一世休望聚財．乃敗子也．

地閣有一處紋生．一處田莊．二處紋生．二處田莊．

臥中大狂叫者．主遭惡人死．

病人伏臥．主生．

常人伏臥．主死．

臥中嘆氣．決非吉兆．

臥中切齒。害子害妻。

臥中如吹火。少年主刑死。老來不善終。

凡肉瘤。紅色佳。白色不好。生背後主富。然亦不長久也。

面上生瘤。主窮。下身主賤。

面生黑子。宜大宜高。主貴。若低小不壽。

眼生毛者。宜軟。宜細。宜少。多亂如草。子孫不賢。無毛。子孫不孝。

四肢乾一年。主死。四肢潤三年。主富。

老轉黑髮。老生齒。主壽。然必刑子刑孫。乃大孤獨相。

山林得一痣。主得大財。

痣上生雙毫。主生貴子。

臥蠶發紫色。主生貴子。

年壽有一陷一缺。或一紋一痕。主成敗一次。有二紋。成敗二次。

眉間上下生白色。主花酒亡身。
足底紋。宜直不宜橫。宜雙不宜交亂。亂則刑子孫。
女子鴨脚。多是姨婆。男子鴨脚。一生下愚。

民國二十九年初版

現代簡易相法

全一冊

▲平裝紙面實價國幣六角

（外埠酌加郵費）

著述者　韋千里

出版者　韋千里

總發行所　上海南京路大慶里三十四號韋氏命苑

占筮類			
1	擲地金聲搜精秘訣	心一堂編	沈氏研易樓藏稀見易占秘鈔本
2	卜易拆字秘傳百日通	心一堂編	
3	易占陽宅六十四卦秘斷	心一堂編	火珠林占陽宅風水秘鈔本
星命類			
4	斗數宣微	【民國】王裁珊	民初最重要斗數著述之一；未刪改本
5	斗數觀測錄	【民國】王裁珊	失傳民初斗數重要著作
6	《地星會源》《斗數綱要》合刊	心一堂編	失傳的第三種飛星斗數
7	《斗數秘鈔》《紫微斗數之捷徑》合刊	心一堂編	珍稀「紫微斗數」舊鈔秘本
8	斗數演例	心一堂編	
9	紫微斗數全書（清初刻原本）	題【宋】陳希夷	斗數全書本來面目；有別於錯誤極多的坊本
10－12	鐵板神數（清刻足本）——附秘鈔密碼表	題【宋】邵雍	無錯漏原版　秘鈔密碼表　首次公開！
13－15	蠢子數纏度	題【宋】邵雍	蠢子數連密碼表　打破數百年秘傳　首次公開！
16－19	皇極數	題【宋】邵雍	清鈔孤本附起例及完整密碼表　研究神數必讀！
20－21	邵夫子先天神數	題【宋】邵雍	附手鈔密碼表　研究神數必讀！
22	八刻分經定數（密碼表）	題【宋】邵雍	皇極數另一版本；附手鈔密碼表
23	新命理探原	【民國】袁樹珊	子平命理必讀教科書！
24－25	袁氏命譜	【民國】袁樹珊	
26	韋氏命學講義	【民國】韋千里	民初二大命理家南袁北韋
27	千里命稿	【民國】韋千里	
28	精選命理約言	【民國】韋千里	北韋之命理經典
29	滴天髓闡微——附李雨田命理初學捷徑	【民國】袁樹珊、李雨田	命理經典未刪改足本
30	段氏白話命學綱要	【民國】段方	民初命理經典最淺白易懂
31	命理用神精華	【民國】王心田	學命理者之寶鏡

32	命學探驪集	【民國】張巢雲	發前人所未發 稀見民初子平命理著作
33	澹園命談	【民國】高澹園	
34	算命一讀通——鴻福齊天	【民國】不空居士、覺先居士合纂	
35	子平玄理	【民國】施惕君	
36	星命風水秘傳百日通	心一堂編	
37	命理大四字金前定	題【晉】鬼谷子王詡	源自元代算命術
38	命理斷語義理源深	心一堂編	稀見清代批命斷語及活套
39-40	文武星案	【明】陸位	失傳四百年《張果星宗》姊妹篇 千多星盤命例　研究命學必備
相術類			
41	新相人學講義	【民國】楊叔和	失傳民初白話文相術書
42	手相學淺說	【民國】黃龍	民初中西結合手相學經典
43	大清相法	心一堂編	重現失傳經典相書
44	相法易知	心一堂編	
45	相法秘傳百日通	心一堂編	
堪輿類			
46	靈城精義箋	【清】沈竹礽	沈氏玄空遺珍 玄空風水必讀
47	地理辨正抉要	【清】沈竹礽	
48	《玄空古義四種通釋》《地理疑義答問》合刊	沈瓞民	
49	《沈氏玄空吹虀室雜存》《玄空捷訣》合刊	【民國】申聽禪	
50	漢鏡齋堪輿小識	【民國】查國珍、沈瓞民	
51	堪輿一覽	【清】孫竹田	失傳已久的無常派玄空經典
52	章仲山挨星秘訣（修定版）	【清】章仲山	章仲山無常派玄空珍秘 門內秘本首次公開 沈竹礽等大師尋覓一生末得之珍本！
53	臨穴指南	【清】章仲山	
54	章仲山宅案附無常派玄空秘要	心一堂編	
55	地理辨正補	【清】朱小鶴	玄空六派蘇州派代表作
56	陽宅覺元氏新書	【清】元祝垚	簡易・有效・神驗之玄空陽宅法
57	地學鐵骨秘　附　吳師青藏命理大易數	【民國】吳師青	釋玄空廣東派地學之秘
58-61	四秘全書十二種（清刻原本）	【清】尹一勺	玄空湘楚派經典本來面目 有別於錯誤極多的坊本

91	地學形勢摘要	心一堂編	形家秘鈔珍本
92	《平洋地理入門》《巒頭圖解》合刊	【清】盧崇台	平洋水法、形家秘本
93	《鑒水極玄經》《秘授水法》合刊	【唐】司馬頭陀、【清】鮑湘襟	千古之秘，不可妄傳匪人
94	平洋地理闡秘	心一堂編	雲間三元平洋形法秘鈔珍本
95	地經圖說	【清】余九皋	形勢理氣、精繪圖文
96	司馬頭陀地鉗	【唐】司馬頭陀	流傳極稀《地鉗》
97	欽天監地理醒世切要辨論	【清】欽天監	公開清代皇室御用風水真本
三式類			
98－99	大六壬尋源二種	【清】張純照	六壬入門、占課指南
100	六壬教科六壬鑰	【民國】蔣問天	由淺入深，首尾悉備
101	壬課總訣	心一堂編	過去術家不外傳的珍稀六壬術秘鈔本
102	六壬秘斷	心一堂編	
103	大六壬類闡	心一堂編	
104	六壬秘笈——韋千里占卜講義	【民國】韋千里	六壬入門必備
105	壬學述古	【民國】曹仁麟	依法占之，「無不神驗」
106	奇門揭要	心一堂編	集「法奇門」、「術奇門」精要
107	奇門行軍要略	【清】劉文瀾	條理清晰、簡明易用
108	奇門大宗直旨	劉毗	天下孤本　首次公開 虛白盧藏本《秘藏遁甲天機》 奇門不傳之秘　應驗如神
109	奇門三奇干支神應	馮繼明	
110	奇門仙機	題【漢】張子房	
111	奇門心法秘纂	題【漢】韓信（淮陰侯）	
112	奇門廬中闡秘	題【三國】諸葛武侯註	
選擇類			
113－114	儀度六壬選日要訣	【清】張九儀	清初三合風水名家張九儀擇日秘傳
115	天元選擇辨正	【清】一園主人	釋蔣大鴻天元選擇法
其他類			
116	述卜筮星相學	【民國】袁樹珊	民初二大命理家南袁北韋之術數經典
117－120	中國歷代卜人傳	【民國】袁樹珊	

心一堂術數古籍珍本叢刊　第二輯書目

占筮類			
121	卜易指南(二種)	【清】張孝宜	民國經典，補《增刪卜易》之不足
122	未來先知秘術——文王神課	【民國】張了凡	內容淺白、言簡意賅、條理分明
星命類			
123	人的運氣	汪季高(雙桐館主)	五六十年香港報章專欄結集！
124	命理尋源	【民國】徐樂吾	民國三大子平命理家徐樂吾必讀經典！
125	訂正滴天髓徵義		
126	滴天髓補註 附 子平一得		
127	窮通寶鑑評註 附 增補月談賦 四書子平		
128	古今名人命鑑		
129-130	紫微斗數捷覽(明刊孤本)[原(彩)色本] 附 點校本 (上)(下)	馮一、心一堂術數古籍整理編校小組 整理	明刊孤本 首次公開！
131	命學金聲	【民國】黃雲樵	民國名人八字、六壬奇門推命
132	命數叢譚	【民國】張雲溪	子平斗數共通、百多民國名人命例
133	定命錄	【民國】張一蟠	民國名人八十三命例詳細生平
134	《子平命術要訣》《知命篇》合刊	【民國】鄒文耀、【民國】胡仲言 撰	《子平命術要訣》科學命理；《知命篇》易理皇極、命理地理、奇門六壬互通
135	科學方式命理學	閻德潤博士	匯通八字、中醫、科學原理！
136	八字提要	韋千里	民國三大子平命理家韋千里必讀經典！
137	子平實驗錄	【民國】孟耐園	作者四十多年經驗 占卜奇靈 名震全國！
138	民國偉人星命錄	【民國】囂囂子	幾乎包括所民初總統及國務總理八字！
139	千里命鈔	韋千里	失傳民初三大命理家-韋千里 代表作
140	斗數命理新篇	張開卷	現代流行的「紫微斗數」內容及形式上深受本書影響
141	哲理電氣命數學——子平部	【民國】彭仕勛	命局按三等九級格局、不同術數互通借用
142	《人鑑——命理存驗・命理擷要》(原版足本)附《林庚白家傳》	【民國】林庚白	傳統子平學修正及革新、大量名人名例
143	《命學苑苑刊——新命》(第一集)附《名造評案》《名造類編》等	【民國】林庚白、張一蟠等撰	史上首個以「唯物史觀」來革新子平命學結集
相術類			
144	中西相人探原	【民國】袁樹珊	按人生百歲，所行部位，分類詳載
145	新相術	【美國】李拉克福原著、【民國】沈有乾編譯	通過觀察人的面相身形、色澤舉止等，得知性情、能力、習慣、優缺點等
146	骨相學	【民國】風萍生編著	結合醫學中生理及心理學，影響近代西、日、中相術深遠
147	人心觀破術 附運命與天稟	【日本】管原如庵、加藤孤雁原著，【民國】唐真如譯	觀破人心、運命與天稟的奧妙

148	《人相學之新研究》《看相偶述》合刊	盧毅安	集中外大成，無不奇驗；影響近代香港相術名著
149	冰鑑集	【民國】碧湖鷗客	各家相法精華、相術捷徑、圖文並茂附名人照片
150	《現代人相百面觀》《相人新法》合刊	【民國】吳道子輯	失傳民初相學經典二種 重現人間！
151	性相論	【民國】余晉龢	民初北平公安局專論相學與犯罪專著（犯罪學生物學派）
152	《相法講義》《相理秘旨》合刊	韋千里、孟瘦梅	命理學大家韋千里經典、傳統相術秘籍精華
153	《掌形哲學》附《世界名人掌形》《小傳》	【民國】余萍客	圖文并茂、附歐美名人掌形圖及生平簡介
154	觀察術	【民國】吳貴長	可補充傳統相術之不足
	堪輿類		
155	羅經消納正宗	【明】沈昇撰、【明】史自成、丁孟章合纂	失傳四庫存目珍稀風水古籍
156	風水正原	【清】余天藻	●積德為求地之本，形家必讀！
157	安溪地話（風水正原二集）		●純宗形家，與清代欽天監地理風水主張大致相同
158	《蔣子挨星圖》附《玉鑰匙》	傳【清】蔣大鴻等	窺知無常派章仲山一脈真傳奧秘
159	樓宇寶鑑	吳師青	陽宅風水必讀、現代城市樓宇風水看法改革
160	《香港山脈形勢論》《如何應用日景羅經》合刊		香港風水山脈形勢專著
161	三元真諦稿本──讀地理辨正指南	【民國】王元極	被譽為蔣大鴻、章仲山後第一人 內容直接了當，盡揭三元玄空家之秘
162	三元陽宅萃篇		
163	王元極增批地理冰海 附批點原本地理冰海	【清】高守中【民國】王元極	
164	地理辦正發微	【清】唐南雅	極之清楚明白，披肝露膽
165-167	增廣沈氏玄空學 附 仲山宅斷秘繪稿本三種、自得齋地理叢說稿鈔本（上）（中）（下）	【清】沈竹礽	玄空必讀經典！附《仲山宅斷》幾種鈔本及批點本，畫龍點晴、披肝露膽，道中刊印本未點破的秘訣
168-169	巒頭指迷（上）（下）	【清】尹貞夫原著、【民國】何廷珊增訂、批注	圖文并茂：龍、砂、穴、水、星辰九十九變 洩漏天機：蔣大鴻、賴布衣挨星秘訣及用法
170-171	三元地理真傳（兩種）（上）（下）	【清】趙文鳴	蔣大鴻嫡派真傳張仲馨一脈二十種家傳秘本、宅墓案例三十八圖，並附天星擇日
172	三元宅墓圖 附 家傳秘冊		
173	宅運撮要	【民國】尤惜陰（演本法師）、榮柏雲	撮三集《宅運新案》之精要
174	章仲山秘傳玄空斷驗筆記 附 章仲山斷宅圖註	【清】章仲山傳、【清】唐鷺亭纂	無常派玄空不外傳秘中秘！二宅實例有斷驗及改造內容
175	汪氏地理辨正發微 附 地理辨正真本	【清】蔣大鴻、姜垚原著、【清】汪云吾發微	蔣大鴻嫡派張仲馨一脈三元理、法、訣具體泄露 三百年來最佳《地理辦正》註解！石破天驚！
176	蔣大鴻家傳歸厚錄汪氏圖解	【清】蔣大鴻、【清】汪云吾圖解	
177	蔣大鴻嫡傳三元地理秘書十一種批注	【清】蔣大鴻原著、【清】汪云吾、【清】劉樂山註	

178	《星氣(卦)通義(蔣大鴻秘本四十八局圖并打劫法)》《天驚秘訣》合刊	題【清】蔣大鴻 著	江西興國真傳三元風水秘本
179	蔣大鴻嫡傳天心相宅秘訣全圖附陽宅指南等秘書五種	【清】蔣大鴻編訂、【清】汪云吾、劉樂山註	蔣大鴻徒張仲馨秘傳陽宅風水「教科書」!
180	家傳三元地理秘書十三種		真天宮之秘 千金不易之寶
181	章仲山門內秘傳《堪輿奇書》附《天心正運》	【清】章仲山傳、【清】華湛恩	直洩無常派章仲山玄空風水不傳之秘
182	《挨星金口訣》、《王元極增批補圖七十二葬法訂本》合刊	[民國]王元極	秘中秘——玄空挨星真訣公開!字字千金!
183-184	《家傳三元古今名墓圖集附謝氏水鉗》《蔣氏三元名墓圖集》合刊(上)(下)	(清)孫景堂,劉樂山,張稼夫	蔣大鴻嫡傳風水宅案、幕講師、蔣大鴻、姜垚等名家多個實例,破禁公開!
185-186	《山洋指迷》足本兩種 附《尋龍歌》(上)(下)	【明】周景一	風水巒頭形家必讀《山洋指迷》足本!
187-196	蔣大鴻嫡傳水龍經注解 附 虛白廬藏珍本水龍經四種(1-10)	【清】蔣大鴻編訂、【清】楊臥雲、汪云吾、劉樂山註	蔣大鴻嫡傳一脈授徒秘笈 希世之寶 千年以來,師師相授之秘旨,破禁公開!完整了解蔣氏嫡派真傳一脈三元理、法、訣! 附已知最古《水龍經》鈔本等五種稀見《水龍經》
197	批注地理辨正直解	【清】章仲山	無常派玄空必讀經典未刪改本!
198	《天元五歌闡義》附《元空秘旨》(清刻原本)		
199	心眼指要(清刻原本)		
200	華氏天心正運	【清】華湛恩	
201-202	批注地理辨正再辨直解合編(上)(下)	【清】蔣大鴻原著、【清】姚銘三再註、【清】章仲山直解	失傳姚銘三玄空經典重現人間!名家:沈竹礽、王元極推薦!
203	章仲山注《玄機賦》《元空秘旨》附《口訣中秘訣》《因象求義》等九種合刊	【清】章仲山	近三百年來首次公開!章仲山無常派玄空秘密,和盤托出!
204	章仲山門內真傳《三元九運挨星篇》《運用篇》《挨星定局篇》《口訣篇》等合刊	【清】章仲山、柯遠峰等	章仲山注《玄機賦》及章仲山原傳之口訣及筆記
205	章仲山門內真傳《大玄空秘圖訣》《天驚訣》《飛星要訣》《九星斷略》《得益錄》等合刊	【清】章仲山、冬園子等	
206	撼龍經真義	吳師青註	近代香港名家吳師青必讀經典
207	章仲山嫡傳《翻卦挨星圖》《秘鈔元空秘旨》附《秘鈔天元五歌闡義》	【清】章仲山傳、【清】王介如輯撰	透露章仲山家傳玄空嫡傳學習次弟及關鍵不傳之秘
208	章仲山嫡傳秘鈔《秘圖》《節錄心眼指要》合刊		
209	《談氏三元地理大玄空實驗》附《談養吾秘稿奇門占驗》	【民國】談養吾撰	史上首次公開「無常派」下卦起星等挨星秘密之書
210	《談氏三元地理濟世淺言》附《打開一條生路》		了解談氏入世的易學卦德爻象思想
211-215	《地理辨正集註》附《六法金鎖秘》《巒頭指迷真詮》《作法雜綴》等(1-5)	【清】尋緣居士	集《地理辨正》一百零八家註解大成精華 匯巒頭及蔣氏、六法、無常、湘楚等秘本 集史上最大篇幅的《地理辨正》註解
216	三元大玄空地理二宅實驗(足本修正版)	【民國】尤惜陰(演本法師)、榮柏雲撰	三元玄空無常派必讀經典足本修正版

217	蔣徒呂相烈傳《幕講度針》附《元空秘斷》《陰陽法竅》《挨星作用》	【清】呂相烈	蔣大鴻門人呂相烈三元秘本三百年來首次破禁公開！
218	挨星撮要(蔣徒呂相烈傳)		
219－221	《沈氏玄空挨星圖》《沈註章仲山宅斷未定稿》《沈氏玄空學(四卷原本)》合刊(上中下)	【清】沈竹礽 等	揭開沈氏玄空挨星五行吉凶斷的變化及不同用法 章仲山宅斷未刪本、沈氏玄空學原本佚文、玄空挨星圖稿鈔本 大公開！
222	地理穿透真傳(虛白廬藏清初刻原本)	【清】張九儀	三合天星家宗師張九儀畢生地學精華結集
223－224	地理元合會通二種(上)(下)	【清】姚炳奎	分發兩家(三元、三合)之秘，會通其用詳解注羅盤(蔣盤、賴盤)；義理、斷驗俱精
其他類			
225	天運占星學 附 商業周期、股市粹言	吳師青	天星預測股市，神準經典
226	易元會運	馬翰如	《皇極經世》配卦以推演世運與國運
三式類			
227	大六壬指南(清初木刻五卷足本)		六壬學占驗課案必讀經典海內善本
228－229	甲遁真授秘集(批注本)(上)(下)	【清】薛鳳祚	明清皇家欽天監秘傳奇門遁甲 奇門、易經、皇極經世結合經典
230	奇門詮正	【民國】曹仁麟	簡易、明白、實用，無師自通！
231	大六壬探源	【民國】袁樹珊	民初三大命理家袁樹珊研究六壬四十餘年代表作
232	遁甲釋要	【民國】徐昂	推衍遁甲、易學、洛書九宮大義！
233	《六壬卦課》《河洛數釋》《演玄》合刊		疏理六壬、河洛數、太玄隱義！
234	六壬指南(【民國】黃企喬)	【民國】黃企喬	失傳經典 大量實例
選擇類			
235	王元極校補天元選擇辨正	原【清】謝少暉輯、【民國】王元極校補	三元地理天星選日必讀
236	王元極選擇辨真全書 附 秘鈔風水選擇訣	【民國】王元極	王元極天昌館選擇之要旨
237	蔣大鴻嫡傳天星選擇秘書注解三種	【清】蔣大鴻編訂、【清】楊臥雲、汪云吾、劉樂山註	蔣大鴻陰陽二宅天星擇日日課案例！
238	增補選吉探源	【民國】袁樹珊	按表檢查，按圖索驥：簡易、實用！
239	《八風考略》《九宮撰略》《九宮考辨》合刊	沈瓞民	會通沈氏玄空飛星立極、配卦深義
其他類			
240	《中國原子哲學》附《易世》《易命》	馬翰如	國運、世運的推演及預言